D1874052

Hanjo Seißler
TEXT UND REZEPTE

Carsten Eichner
FOTOGRAFIE

Yvonne Meyer-Lohr,
Petra Soeltzer
ART DIRECTION, DESIGN

Angela Borowski
HERAUSGEBERIN

PORTWEIN

Kultur und Genuss

HÄDECKE VERLAG

Copyright © 2000
Walter Hädecke Verlag
D-71256 Weil der Stadt

Alle Rechte vorbehalten, insbesondere die der Übersetzung, der Übertragung durch Bild- oder Tonträger, des Vortrags, der Speicherung in Datensystemen und der Fotokopie. Nachdruck, auch auszugsweise, nur mit ausdrücklicher Genehmigung des Verlages.

1. Auflage 2000

ISBN 3-7750-0339-8
Printed in Germany

Wir danken für die freundliche Unterstützung:

Bowens Calumet für Profi-Kameras und Zubehör

Leo Lab für die perfekte Laborleistung

BUCHKONZEPTION
Hanjo Seißler, München
Angela Borowski, Hamburg

ORGANISATION UND KOORDINATION
Angela Borowski, Hamburg

FOTOKONZEPTION
Carsten Eichner, Hamburg

FOOD STYLING (REZEPTFOTOS)
Carsten Eichner, Hamburg

REZEPTE
Hanjo Seißler, München
Angela Borowski, Hamburg

TEXT
Hanjo Seißler, München

ART DIRECTION, DESIGN UND SATZ
Yvonne Meyer-Lohr, Petra Soeltzer, Düsseldorf

LEKTORAT
Mo Graff, Weil der Stadt

INHALT

REZEPTE

SEISSLER Mister Delaforce, Sie tragen einen in der Geschichte des Portweins großen Namen. Und Sie sind ein »Portwine-Maker«. Ist es für den Erben von vornherein ein Vergnügen gewesen, Portwein zu machen? Oder haben Sie das zunächst eher als eine Art familiärer Pflicht auf sich genommen?

DELAFORCE Es war die reine Lust. Von Anfang an. Ich kann mir nicht vorstellen, etwas Schöneres zu tun, als mich darauf zu konzentrieren, Jahr für Jahr das Beste aus Trauben und Fässern herauszuholen.

SEISSLER Was ist das Beste? Immer nur Jahrgangs-Portweine – die von Fachleuten *Vintage-Ports* genannt werden? Oder können Genießern und Machern auch andere Qualitätsstufen Freude bereiten?

DELAFORCE Selbstverständlich können Portweine anderer Kategorien wirklichen Feinschmeckern ebenso schmecken wie Spitzenprodukte. Alles hat doch seine Zeit. Um das zu begreifen, muss ich keineswegs so alt geworden sein, wie Sie es sind *(ich bin 60 Jahre alt, Nicholas Delaforce war zum Zeitpunkt des Gesprächs 34 Jahre alt, der Autor)*. Ich denke, es kommt ganz auf die Situation, die Stimmung, die Gesellschaft an, in der ein Mensch sich gerade befindet, um den einen oder den anderen Port genießen zu können.

SEISSLER Muss denn ein guter Port, einerlei von welcher Güteklasse, stets einer sein, der lange im Keller gelegen hat?

DELAFORCE Ich sage »Nein«, obwohl ich weiß, dass es Kenner gibt, die der Ansicht sind, es sollten nur alte Portweine auf den Tisch kommen.

SEISSLER Portwein ist also ein Getränk, das zu jeder Tageszeit, in jeder Jahreszeit, zu jedem Menschen passt?

DELAFORCE Genau so ist es! Cheers.

(Gespräch zwischen Nicholas Delaforce und Hanjo Seißler)

Die Geschichte

VOM REBENSAFT ZUM ZAUBERMITTEL

ES BEGANN IN DEN 60ERN im Casino der Hamburger Börse. Dort saßen an jedem Tag, den der Vorsteher werden ließ, vom späten Vormittag bis zum frühen Nachmittag, Herren mittleren bis gesetzten Alters, die – in britisches Grau oder Dunkelblau gehüllt – einen Stoff tranken, dessen Duft, kaum war die Flasche geöffnet, den Raum füllte. Himmelhebend.

Die Herren nahmen Portwein zu sich. *Vintage*, wie sie riefen, wenn sie bei einem der Börsendiener die nächste Bouteille ordern wollten. Ihre Gesichter strahlten eine solche Zufriedenheit, eine derartige Gelassenheit und eine so ansteckende Heiterkeit aus, dass ich beschloss – nein, um Himmelswillen, nicht Banker, Broker oder Spekulant zu werden –, sondern Portwein-Trinker. Sogar auf die Gefahr hin, am Ende, wie die hanseatischen Geldbarone, winzige aufgeplatzte Äderchen auf dem Jochbein zur Schau zu tragen.

»If I don‘t have one at eleven, I must have eleven at one«, sagen britische Port-Freunde. Ob ich, falls ich bis um elf Uhr noch keinen gehabt haben sollte, bis mittags um eins elf haben möchte, weiß ich nicht. Ich denke, bei aller Liebe zu dem Zaubermittel, weniger ist mehr. Das ist seinen Liebhabern klar. Wobei es in die Irre führt, wenn darauf hingewiesen wird, dass der »Weinbau im Dourogebiet bis in prähistorische Zeiten« zurückgehe. Das ist einerseits richtig, hat andererseits indes nichts mit dem Portwein zu tun, um den es geht, wenn von »Port« gesprochen wird.

Den gibt es erst seit der zweiten Hälfte des 17. Jahrhunderts. Nur von ihm ist hier die Rede. Denn: Der Wein, der bis dahin in der Douro-Region gekeltert worden war, der war so redlich wie dünn. Das fanden auch die zwei Söhne eines englischen Kaufmanns, die im Jahre 1678 nach Oporto gekommen waren, um von dort aus, das Land nach Weinen abzugrasen, die ihren Landsleuten behagten. Und die waren beim Verzehr alkoholischer Getränke sehr heikel. Jawohl, es sei auch an dieser Stelle erwähnt: Die Welt verdankt den Menschen der britischen Insel die feinsten Flüssigkeiten: Weine aus dem Bordelais und aus Burgund, Sherry, Cognac, Rum und – Portwein.

Dem damals eher schwächlichen Rebensaft aus Portugal, setzten die Briten einen ihm gemäßen Anteil »aguardente«, d.h. Branntwein, zu, um ihn zu stärken. So auf die Füße gestellt, hielt er stärksten Schwankungen auf dem Transportweg über See und der Temperaturen stand. Aus »Vinho do Riba« war – welche Wonne – »Vinho do Porto« geworden.

Die Weinbauern im Douro-Tal merkten rasch, dass ihr vergeistigtes Produkt den Nordlichtern konvenierte. Die Preise stiegen in Lichthöhen. Und die Bewohner des Tals am Flusse Douro produzierten auf Deubel komm raus. Sie vergrößerten die Rebflächen. Sie schmuggelten drittklassige Weine ein. Sie dunkelten zu leichte, helle Weine so lange mit Holundersaft nach, bis es 1737 verboten wurde, Holundersträucher im Umkreis von fünf Kilometern nahe den Ufern des Douro anzupflanzen. Sie richteten die Qualität ihres Glücklichmachers zugrunde.

GARRAFEIRA
DO
CARMO
17
18
1996

Das ging so bis in die Mitte des 18. Jahrhunderts. Da hatte Sebastião José de Carvalho, portugiesischer Premierminister, »die Schnauze voll« davon. Richtiger gesagt, von den Folgen der Panscherei. Mittlerweile hatten nämlich die Leute von der britischen Insel den Spaß am Portwein verloren. Die feilgebotene Menge war größer geworden als die abgenommene. Die Preise verfielen. Die Region verarmte.

Carvalho ersann gemeinsam mit anderen eine Qualitätskontrolle. Das führte am 10. September 1756 zur »Companhia Geral da Agricultura das Vinhas do Alto Douro« mit einer im Laufe der Jahre zwar verwässerten indes immer noch verhältnismäßig strengen Satzung. Anzunehmen, dass Carvalho auch deswegen 1769 zum Marquês de Pombal erhoben wurde. Ziel der »Companhia« war »die Erhaltung des guten Rufes des Weines und des Weinbaus, was gleichzeitig dem Handel zugute kommen soll«. Dazu diente, dass »eine Karte gemacht, ein Kataster von den beiden nördlichen und südlichen Ufern des Rio Douro angelegt wird, in dem das Gebiet festgeschrieben wird, das echte schiffbare Weine produziert, die die Mündung desselben Flusses verlassen können...«

Es war dies das erste Mal in der Geschichte des Weinbaus, dass eine Weinregion präzise abgegrenzt und dass einzelne Lagen bewertet wurden. Zweck des Unterfangens war es, »die Weine der Hänge des oberen Douro und seines Gebietes ... für die Verschiffung ... von den Weinen der Orte (zu trennen), die nur solche Weine herstellen, die im Lande getrunken werden können«. Sogar die

GASTOS
DE
E

Preise zu denen die »Companhia« bei Winzern kaufte und die, die sie bei Händlern erzielte, waren – nach Herkunft gestaffelt – festgelegt. Und Strafen gab's für Fälschungen, dass es nur so knackte und die sich mancher Weinliebhaber heutzutage auch andernorts für Dünnmacher wünschte: Ein Schankwirt zum Beispiel, »der die erwähnte Ordnung ändert oder in die Fässer der besseren Qualitäten minderwertige Weine füllt oder sie miteinander mischt, zahlt beim ersten Mal hunderttausend Reis, verliert allen Wein, der bei ihm gefunden wird, an den Kläger und erhält eine sechsmonatige Gefängnisstrafe; beim zweiten Mal verdoppeln sich die Strafen und beim dritten Verstoß wird er zusätzlich zu diesen Strafen öffentlich ausgepeitscht und in das Königreich Angola verbannt«. Ach, das könnte schön sein...

Die »Companhia« in ihrer ursprünglichen Form gibt es mittlerweile nicht mehr. Andere »Organe«, die über die Qualität des Ports wachen, haben ihren Platz eingenommen. Sie nennen sich »Instituto do Vinho do Porto«, »Associação dos Exportadores do Vinho do Porto« und ähnlich. Wie es scheint sind ihre Mühen von Erfolg gekrönt: Die Güte guter »Ports« bereitet nach wie vor seligmachende Freude.

Noch immer nehmen Briten an diesem Vergnügen besonders gern teil. Ohne die Unternehmen des Inselvolkes wäre der Portwein, wie er in vieler Leute Mund ist, nicht denkbar. Namen wie Cockburn (gegründet 1815), Croft (1678), Delaforce (1868), Gould Campbell (1797), Graham (frühes 19. Jahrhundert), Offley (1737), Sandeman (1790), Smith Wood-

DIE BESTEN VERGRÖSSERUNGSGLÄSER FÜR DIE FREUDEN DER WELT SIND DIE, AUS DENEN MAN TRINKT.

Joachim Ringelnatz

house (1784), Taylor (1692) und Warre (1670) sind Synonyme für Portwein. So wie auch »mein« Dow's. Der kommt zwar aus dem portugiesischen Betrieb Silva & Cosens Lda., der 1798 entstand, in den aber 1877 der Brite John Dow als Mitinhaber eintrat.

So sehr hängen die Insulaner am Stoff, dass sie es sogar ihrem Nationalhelden, dem Admiral Horatio Nelson, übelnehmen, die Pläne für Seeschlachten mit altem Port – »Stellen Sie sich vor: mit altem Port!« – auf Tischplatten gezeichnet zu haben. Dabei ist der Mann bereits 1758 bei einem Gemetzel in der Nähe von Trafalgar zu Tode gekommen.

Indessen verstehen sich nicht allein die Briten aufs Konsumieren alkoholhaltiger Köstlichkeiten. Deren Begabung auf diesem Gebiet ist besonders schön an »Queen Mum«, der Mutter von Königin Elisabeth II. zu erkennen. Aber auch Johann Wolfgang Goethe konnte es schon in jungen Jahren. Sein Freund Karl August Varnhagen von Ense hat über ein Portwein-Zechgelage des 26-jährigen mit Herzog August von Weimar und Prinz Louis Ferdinand von Preußen festgehalten: »Der Herzog zog sich früh zurück, die anderen beiden tranken die ganze Nacht hindurch ungeheuer viel um die Wette und Goethe blieb nichts schuldig, er konnte fürchterlich viel trinken.« Der Dichter selbst schrieb: »Der gestrige Wein hat wieder seine wohltätigen Wirkungen gezeigt, ich habe gut geschlafen und befinde mich wohl.« Ob ich mich nach mehreren Flaschen »Vintage« am folgenden Tag wohlfühlte, wage ich zu bezweifeln. Bei aller Liebe.

Die Herstellung

PORTWEIN OHNE MAGIE: ER KOMMT AUS ARBEIT, LIEBE UND SORGFALT

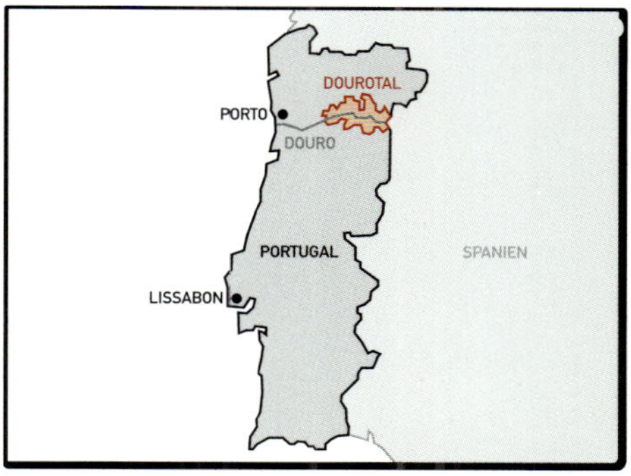

Menschen, die auch beim Trinken wissen wollen, was sie tun, geht Wein nicht so über die Zunge, wie Bier- oder Schnapsverzehrern die Objekte ihrer Begierde. Was damit zusammenhängt, dass Scharlatane behaupten, Wein zu trinken sei eine Wissenschaft.

Aufgepasst: Die meisten von denen sind wie die Schlitzohren, die dem Kaiser im Märchen einredeten, sie könnten aus Nichts einen Stoff weben, der nur für die Klugen und für ihre Ämter Tauglichen in seinem Reich zu sehen sei. Nicht verblüffen lassen: Jeder Mensch, der seinem Geschmack folgt und dem es gelingt, sich fallen zu lassen, wird »seinen« Wein finden.

Trotzdem schadet es natürlich nicht, ein bisschen darüber zu wissen, woher zum Beispiel Portwein kommt und wie er entsteht. Deshalb: Wie bereits beschrieben, ist das Areal aus dem Portweine kommen dürfen, im Jahr 1756 zum ersten Mal fest umrissen worden. Übrigens: Lange Zeit bevor es den Franzosen einfiel, eine »Appellation d'Origine Côntrolée« ins Leben zu rufen.

Dieses Gebiet, die »Região Demarcada«, ist zuletzt 1907 neu definiert worden. Demnach darf Port nur aus dem oberen Dourotal, dem »Alto Douro«, kommen. Die Região erstreckt sich übers Douro-Tal mit seinen tiefen Nebentälern im Norden Portugals von der spanischen Grenze im Osten über 100 Kilometer nach Westen. Ihr Zentrum ist die Stadt Peso da Régua. Bei der mündet das Flüsschen Corgo in den Douro. Dort teilt sich die Anbauzone in die Gebiete Cima (Ober-)Corgo und Baixa (Unter-)Corgo.

Aus Cima Corgo kommen die besten Ports. Vor allem die meisten wirklich guten Vintages.

Die »Região Demarcada« wird durch hohe Gebirgszüge vor den vom Atlantik kommenden Winden geschützt. Sie besteht hauptsächlich aus Schiefer. Der bricht normalerweise in horizontaler Richtung. Im Douro-Bezirk in einem Winkel von 60 bis 90 Grad zum Erdinneren. Das hat den Vorteil, dass tagsüber sengende Sonnenstrahlen nicht allzu tief ins Erdinnere eindringen können. In kühlen Nächten dagegen wird der Schiefer zum Wärmekissen für die Rebstöcke.

Das Douro-Tal umfasst 240 000 Hektar. 32 000 davon werden für den Weinbau genutzt. Auf den 85 000 meist terrassenförmig angelegten Weinbergen, oft in Steillage, arbeiten 25 000 Weinbauern. Die ernten pro Stock durchschnittlich 750 Gramm Trauben aus denen 0,6 Liter Wein kommt. Von den 80 Rebsorten die am Douro gedeihen, ist rund die Hälfte für das Erzeugen von Ports zugelassen. Das sind in erster Linie: Bastardo, Mourisco, Tinta Francisca, Tinta Amarela, Tinta Barroca, Tinta Roriz, Tinta Cão und Tourigo Francesa. Für weiße Ports heißen sie: Verdelho, Malvasia Fina, Donzelinho, Esgana-Cão, Rabigato, Viosinho, Folagazão und Gouveio. Was davon geerntet wird, darf allenfalls zu einem Drittel in die Portwein-Produktion. Der Rest ist Tischwein oder wird zu dem Branntwein destilliert, der später zu zehn Prozent dem »Aufspriten« des Ports dient. 90 Prozent des Branntwein der zum »Avinieren« benötigt wird, kommt allerdings aus dem Süden Portugals.

In Peso da Régua sitzt die »Casa do Douro«. Diese Organisation teilt die Weinberge in sechs Kategorien (von A bis F) ein. A und B, es lässt sich denken, sind die Besten. Sie erzielen die höchsten Preise. Sie stellen den größten Anteil der Portweinproduktion. Die »Casa« ist eine mächtige Einrichtung. Sie handhabt das portugiesische Weingesetz. Und das zählt zu den strengsten seiner Art auf dem Globus.

Geerntet wird von Ende September bis Anfang Oktober. Die Trauben werden unmittelbar nach der Lese entstielt, gemaischt (häufig noch mit den Füßen, weil so mehr Farbe aus den Trauben geholt wird) und dann gepresst.

Die Maische wird in Zementbehältern kühl gehalten, um eine vorzeitige Gärung zu verhindern. Nach zwei Tagen, wenn die Behälter voll sind, werden sie verschlossen. Nach kurzer Zeit löst die Wärme in den Behältern, die »Mama« genannt werden – wer sie sieht, weiß warum – die Gärung aus. Sobald der Zucker zur Hälfte vergoren ist, hat der Wein ein Alkoholvolumen von cirka acht Prozent. Dann wird er in Fässer gefüllt.

In denen gärt der Most bis zum gewünschten Zeitpunkt. Genau an dem wird die Gärung durch Hinzufügen von 77-prozentigem aromafreien Branntwein gestoppt. Das Mischungsverhältnis ist 450 Liter Most zu 100 Liter Branntwein. Der so erreichte Alkoholgehalt (Portwein darf zwischen 19 und 22 Prozent Alkohol haben) verhindert, dass der Wein nachgärt. Er steigert seine Haltbarkeit und die Lagerfähigkeit.

SANDEMAN
CALEM

Die Mischung aus Wein und Branntwein braucht ihre Zeit, um harmonischen Geschmack zu entwickeln. In dieser Zeit muss sie, das ist vorgeschrieben, in den Bodegas oder Lodges (den großen Lagerhallen) in Vila Nova de Gaia gelagert werden. Auch das Verschneiden verschiedener Grundweine zum dann fertigen Produkt hat dort zu geschehen. Vila Nova de Gaia liegt gegenüber von Oporto (Porto), am anderen Ufer des Douro. Dort überwacht das »Instituto do Vinho do Porto«, dass »ordnungsgemäß zwischengelagert« wird.

Der Rest ist Schweigen. Denn, das ist klar, jeder Erzeuger hat seine Tricks und Kniffe, mit denen er sein Produkt einzigartig macht.

PRODUCE OF
20
YEARS
Aged for 20
BOTTLED BY
CD VINTNERS, SOC.
VILA NOVA DE
FOR MARKS AND
BAKER STREET

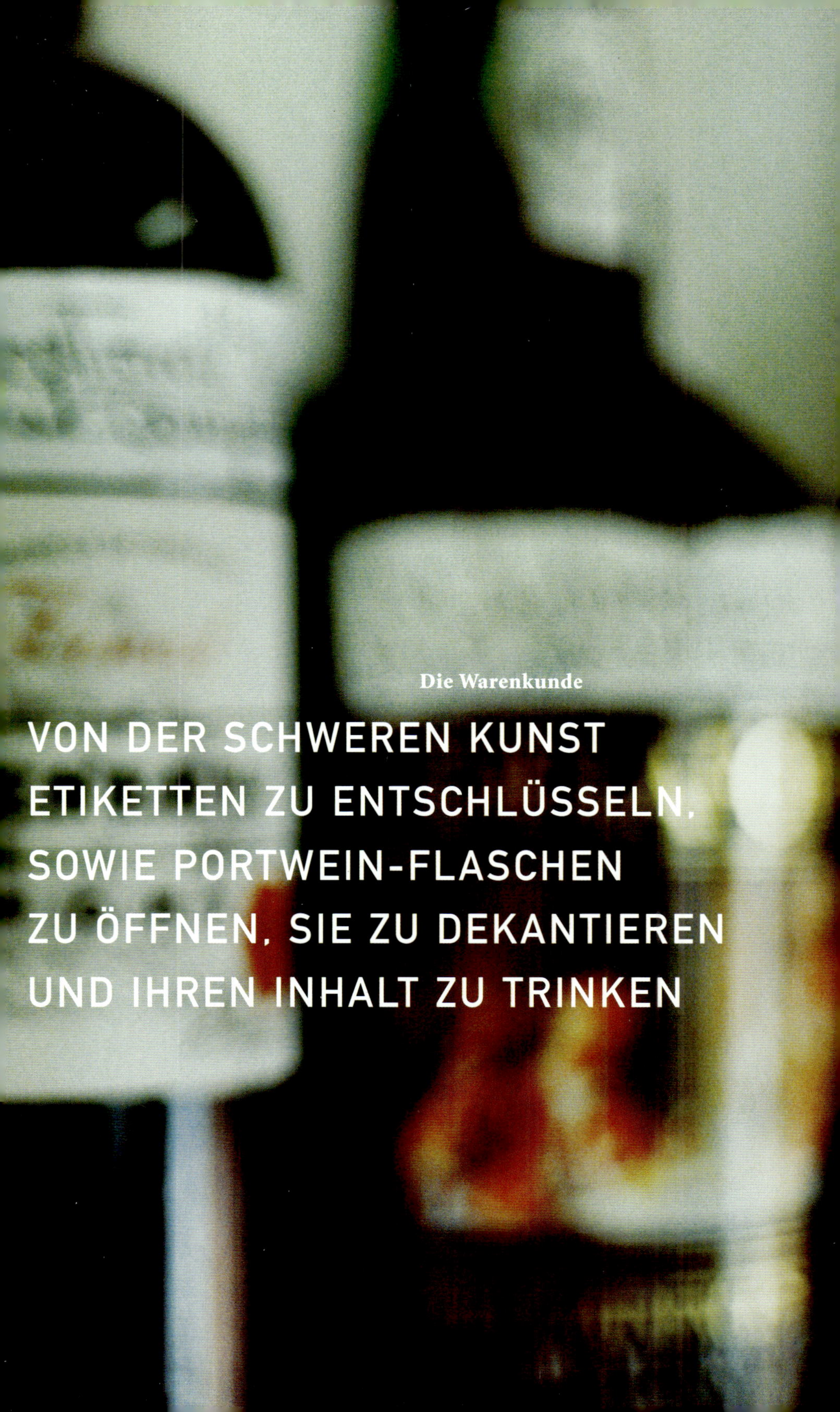

Die Warenkunde

VON DER SCHWEREN KUNST ETIKETTEN ZU ENTSCHLÜSSELN, SOWIE PORTWEIN-FLASCHEN ZU ÖFFNEN, SIE ZU DEKANTIEREN UND IHREN INHALT ZU TRINKEN

EINFACH IST ES NICHT, sich in der Sprache der Portweinmacher, Funktionäre und Händler zurechtzufinden. Weshalb sie die Qualitätsstufen derartig verschlüsselt haben, weiß der Himmel. Selbst geschulte Genussmenschen, die in der Lage sind, klar zu denken, haben mit der Geheimsprache Schwierigkeiten.

Das muss einer der Gründe dafür sein, dass sich die Deutschen, unerfahren im Umgang mit Portwein, nicht an den Traumstoff trauen. Sie haben, wie beim Bücherkauf, nicht den Mut zuzugeben, dass sie keine Ahnung von dem haben, was sie erwerben wollen. Und: Buchhändler machen es potentiellen Käufern manchmal ebenso schwer wie Weinhändler, sich zu ihrer Unwissenheit zu bekennen.

Selbstverständlich ist es schwierig genug, zu ahnen, was Leckermäuler erwartet, wenn Very Sweet (lágrima) für sehr süße Ports, Rich oder Sweet (doce) für süße, Medium Sweet (meio doce) für halbsüße, Medium Dry (meio seco) für halbtrockene, Dry (seco) für trockene und Extra Dry (extra seco) für sehr trockene Kreszenzen auf einer Flasche steht.

Aber dann erst die Klassifizierung nach Sorten. Also: **RUBY** ziert ein Gefäß, das einen Verschnitt aus verhältnismäßig jungen Weinen verschiedener Jahrgänge enthält. Ein solcher Wein wird, nachdem er zwei bis drei Jahre im Fass gelagert hat, in Flaschen gefüllt. In denen wird er dann auch durch noch längeres Liegenlassen nicht besser. Rubies sind dunkel- bis hellrubinrot, sie schmecken fruchtig bis süßlich.

FINE RUBY werden Ports genannt, die sich länger als Rubies im Fass befanden. Sie liegen qualitativ zwischen Ruby und Tawny.

TAWNY sind Tropfen, die theoretisch (weil nicht zwingend vorgeschrieben) mindestens acht Jahre im Fass verbracht haben. Sie sind rotbraun und haben oft einen Stich ins Gelbliche. Sie werden am häufigsten angeboten und gekauft. Billige Tawnies dürfen aus rotem und weißem Portwein verschnitten werden (was zu Pombals Zeiten verboten war).

FINE TAWNY heißen Ports, die zwischen zehn und vierzig Jahre im Fass gelegen haben können. Dadurch verliert der Stoff sowohl an Farbe als auch an Süße. Was durchaus erwünscht sein kann. Das Alter, das auf dem Etikett vermerkt ist, muss nicht dem Alter sämtlicher Anteile des Verschnitts entsprechen.

Wenn Weine eines Jahrganges aus dem Dourotal miteinander »vermählt« werden, dürfen sie die Bezeichnung **COLHEITA** auf dem Etikett führen. Sie müssen allerdings zuvor vom »Instituto do Vinho do Porto« für »gut« befunden worden sein. Colheitas altern im Fass. Sie dürfen frühestens nach sieben Jahren auf Flaschen gezogen werden. Ihrem Etikett muss das Erntejahr und das Abfülldatum zu entnehmen sein. Tawnies und Fine Tawnies können Colheitas sein.

Am schnellsten ist selbst für Laien ein **WHITE** zu erkennen. Er wird nach zwei bis drei Jahren aus dem Fass geholt und in Flaschen gefüllt. Es gibt ihn trocken und süß.

ES SCHADET BEI MANCHEN UNTERSUCHUNGEN NICHT, SIE ERST BEI EINEM RÄUSCHCHEN DURCHZUDENKEN UND DABEI AUFZUSCHREIBEN.

Georg Christoph Lichtenberg

Jahrgangsportwein, **VINTAGE PORT**, darf nur aus Trauben eines Jahrgangs zusammengestellt werden. Zwei oder drei Jahre nachdem ein als hochwertig eingestufter Ruby ins Fass gewandert ist, muss eine Probe davon ans »Instituto do Vinho do Porto« geschickt werden. Dort wird darüber entschieden, ob er zu einem »großen Jahrgang« deklariert wird oder nicht. Das geschieht beileibe nicht jedem Wein in jedem Jahr. In jedem Jahr indessen gibt es Weine, die dafür taugen, sich in der Flasche weiter zu entwickeln. Erst, wenn das »Instituto« wohlwollend genickt hat, dürfen die Weinmacher ihren Saft auf Flaschen ziehen. Dann beginnt seine eigentliche Reifezeit. Die Bouteillen sollten zwölf bis fünfzig Jahre liegen bleiben, weil sie so lange brauchen, um ihre volle Blüte zu entfalten. Vintage Ports müssen auf dem Hauptetikett die Marke, den Jahrgang und die Bezeichnung »Vintage« tragen. Achja: Vintages sollten, weil sie mit den Jahren, die in ihnen enthaltenen Schweb- und sonstigen Inhaltsstoffe zu einem »Depot« ablagern, in Karaffen umgefüllt, »dekantiert« werden. Das Depot schadet nicht etwa dem Geschmack oder der Gesundheit – nicht wenige Briten verwenden es als Brotaufstrich –, es geht den meisten Genießern beim Dekantieren in erster Linie um den für sie nicht sonderlich ästhetischen Anblick.

SINGLE-QUINTA-VINTAGE-PORT werden im Prinzip so hergestellt wie Vintage Port, erreichen jedoch nicht ganz die Qualität der Vintages.

Im Gegensatz zum Vintage werden **LATE BOTTLED VINTAGE PORTS (L.B.V.)** vier bis sechs Jahre im Holzfass belassen.

Sie sind dementsprechend reifer als Jahrgangsportweine, wenn sie in Flaschen gefüllt werden. Es ist üblich, sie aus einem Jahrgang, allerdings aus einem nicht ausdrücklich ausgewiesenen, zu verschneiden. Auf dem Etikett müssen Marke, Jahrgang, Abfülldatum und die Bezeichnung »Late Bottled Vintage« oder L.B.V. zu lesen sein. Es werden vor allen Dingen Rubies und, in kleinen Mengen, White Ports als Late Bottled Vintages ausgebaut.

Ein **VINTAGE CHARACTER** ist ein Verschnitt aus hochwertigen Rubies verschiedener Jahrgänge. Die werden nach vier Jahren im Fass abgefüllt. Vintage Characters altern acht bis zehn Jahre in der Flasche. Auch sie werden vor dem Servieren dekantiert.

Flaschen mit alten Ports werden sorgfältig versiegelt. Das bewahrt sie vor vorzeitigem Verfall, erschwert es indessen, sie zu öffnen. Um sich vor Lack- oder Korkbröseln und derem Geschmack zu bewahren, benutzen Kenner zum Öffnen solcher Flaschen eine Portweinzange. Die wird rotglühend erhitzt und sodann einige Sekunden lang fest um den Hals der Flasche geschlossen. Sobald die Zange vom Hals genommen worden ist, muss das Glas mit einem feuchten Tuch abgewischt werden: Das ergibt eine saubere Bruchstelle. Sollten dennoch Splitter in die Flasche fallen, so lassen die sich beim Dekantieren entfernen. Eingeschworene Experten ziehen diese Nummer sogar mit jedem beliebigen glühend gemachten Draht durch.

Zum »Dekantieren« braucht der Portwein-Freak im Grunde einzig und allein eine ruhige Hand und einen klaren Blick. Hat er beides, wird er den Port ohne Hilfsmittel – wie brennende Kerzen, die helfen, den Eintritt des Depots in den Flaschenhals zu erkennen und seinen Übertritt in die Karaffe zu vermeiden und Trichter, die ein Verplömpeln verhüten – umfüllen können. Die meisten Portweintypen brauchen sowieso nicht dekantiert zu werden. Sie haben kein Depot.

Rubies und so genannte moderne LBVs sollen bei Zimmertemperatur getrunken werden. Aber Obacht: Solche Temperatur meint Raumverhältnisse aus der Zeit vor der Erfindung ständig überhitzter Zentralheizungen: Also 18 bis maximal 20 Grad Celsius. Bei höherer Temperatur kommt der relativ hohe Alkoholgehalt von Ports zu unangenehmer Geltung. Portugiesen und Feinschmecker bevorzugen Tawnies sogar gekühlt aus gekühlten Gläsern. Das gilt gleichermaßen für süßen und für trockenen weißen Portwein. Für alle Sorten heißt es überdies, dass sie konstant kühl, dunkel und waagerecht gelagert werden müssen.

Ports enthalten mehr Alkohol als andere Weine. Deswegen empfiehlt es sich, sie aus kleinen Gläsern zu trinken. Die tragen Namen wie »Pariser Kelchglas« oder »Savoy-Glas«. Auch das Probierglas der »International Standard Organization« (ISO) passt zum Wein aus der Douro-Region. Aus ihnen genossen, ergibt eine Flasche zehn bis zwölf Gläser. Auf keinen Fall sollte das flüssige Traumgespinst aus Gläsern gesüffelt werden, die zur Öffnung hin breiter werden. In ihnen vergeht sein Geist.

Im Grunde ist es überflüssig es zu erwähnen: Kein Weinglas sollte jemals bis zum Rand vollgeschenkt werden. Schon gar nicht ein Glas mit Port. Schon wenn es nur zu zwei Dritteln gefüllt ist, ist es zu voll. Weniger ist auch hier mehr. So lässt sich das Glas schwenken, wobei sich der Duft eines Port am angenehmsten in die Lüfte schwingt und seine Tränen die Glaswand am schönsten schmücken.

Beim Probieren von Weinen, mithin ebenfalls bei Ports – von Sprach*ver*hunzern »*Ver*kosten« gescholten, was ein Verbrechen ist – gilt das Gleiche. Nur so bekommen Auge, Nase, Zunge und Gaumen, das, was ihnen wirklich zusteht.

Beim »Degustieren« soll das Glas nach vorn geneigt über einen weißen Untergrund gehalten werden. So sind Farbe und Klarheit eines Weines am besten zu sehen. Ist er trübe oder wolkig ist er meist hinüber. Je bräunlicher er sich von der Mitte zum Rand hin zeigt, desto reifer ist ein Port. Junge Portweine sind purpurn oder fast schwarz, sie färben sich allmählich in ein rubinenes bis granatenes Rot. Alte Tawnies tragen ein rotes oder schieres Braun; weiße Ports schmücken sich mit der Farbe alter Tawnies oder mit einem blassen Zitronengelb.

Zum Erschnüffeln von Portweinen wird das Glas geschwenkt. Das setzt sämtliche darin enthaltenen Aromen frei. Sie werden dadurch wahrgenommen, dass die Nase tief ins Glas getaucht und tief eingeatmet wird. Riecht der Port muffig oder nach Essig sollte er dem nächsten Ausguss überantwortet werden. Ein guter roter duftet fruchtig, ein junger

DELAFORCE SONS & CA
VINHOS. S.A.R.L.
OPORTO
BY SPECIAL WARRANT TO
HIS MAJESTY THE LATE KING OF PORTUGAL
PARIS GOLD MEDALS
1878.
1889.
1900.
1975
VINTAGE PORT
20.5°
PRODUCE OF PORTUGAL
DELAFORCE
REGISTERED TRADE MARK

nach dunklen Beeren oder Schokolade; Tawnies nach Nüssen; alte Vintages nach Kräuter und Gewürzen.

Vorn auf der Zunge schmecken Portweine in aller Regel süß. Die Süße muss jedoch durch einen ausgewogenen Schuss Säure den Eindruck von Frische vermitteln. Ich mag es ganz besonders, wenn das Schlucken durch einen leichten Bitterton abgerundet wird. Ach so: Kein wahrhaftiger Gerntrinker wird jemals parfümiert oder rauchend an einer Weinprobe teilnehmen!

Übrigens, Portwein-Käufer sollten Etiketten lesen können. Sie müssen einiges wissen, um die richtigen Schlüsse ziehen zu können: Die Etiketten von Vintages tragen den Namen des Händlers, das Jahr und die Bezeichnung »Vintage Port«. Die von Colheitas sind ihnen oft wie aus der Flasche geschnitten ähnlich. Sie dürfen aber nicht den Aufdruck »Vintage« zeigen. Late Bottled Vintages (L.B.V.) sind ebenfalls, was das Etikett betrifft, leicht mit Vintages zu verwechseln.

Ruby oder White sind klar zu erkennen. Auch an der Beschriftung einer Flasche. Gibt es bei weißem Port keine weiteren Angaben, so ist er mittelsüß. Immer daran denken: »Vintage Character« ist immer »Vintage Character«, ein hervorragender Ruby, aber eben kein Vintage. Ein junger Tawny ist ein Tawny. Ein zehn Jahre alter dagegen kann sowohl ein »10 Years Old Tawny Port« als auch ein »10 Years Old Port« sein. Und da gibt es Leute, die behaupten, es sei ganz simpel, sich durch dieses Gestrüpp zu hauen.

Seißler's Choice

HANJO SEISSLERS FAVORITEN AUS DEM DOUROTAL

ÜBER GESCHMACK LÄSST SICH NICHT STREITEN. Selbstverständlich gibt es handwerkliche Kriterien, die jeder Portweinmacher beachten muss. Hat er das getan, so ist das noch lange keine Gewähr dafür, dass seine Erzeugnisse jedem Portwein-Freund munden. Weshalb auch? Hätten alle Menschen einen Geschmack, hauste die Menschheit in Kasernen und trüge Uniformen. Wer will das schon? Für mich haben sich im Laufe der Zeit, in der ich mich stets aufs Neue an Portweinen vergreife, einige Erzeuger als meine Leib- und Magenlieferanten herausgebildet.

Meine Auswahl ist nicht objektiv. Sie ist bewusst subjektiv (und sie ist nach Namen alphabetisch geordnet).

CALEM
VINTAGE PORT
DO PORTO
RUBY
PORT
BOTTLED AND SHIPPED BY
BURMESTER & CA.
PORTO
PRODUCE OF PORTUGAL

J.W. BURMESTER & CA.LDA.
RUA DE BELOMONTE, 37
4000 PORTO
PORTUGAL

A.A. CÁLEM & FILHO, LDA.
RUA DA REBOLEIRA, 7
4000 PORTO
PORTUGAL

J.W. BURMESTER & CA.LDA. Das ist ein kleiner feiner Tawny-Betrieb. Die Burmesters kamen einst aus Mölln bei Lübeck. Von dort flohen sie im 15. Jh. wegen ihrer Religion nach England. Das Unternehmen ist 1730 gegründet worden. Seit 1750 ist der Handel mit Portwein das Hauptgeschäft. Zunächst kauften sie Trauben im Pinhão-Tal und in der Nähe von Sabrosa. 1991 erwarben sie die Quinta Nova de Nossa Senhora do Carmo in Sabrosa. Das ist ein Weingut der Kategorie A. 45 Hektar von insgesamt 120 sind mit fünf Spitzenrebsorten bepflanzt. Von Carmo kommt ein Drittel ihres Traubenbedarfs. Das Lagerhaus liegt im Zentrum von Vila Nova de Gaia. Burmesters Vintages sind leichter als die anderer Erzeuger, ihre LBVs werden traditionell hergestellt.
Mir liegen die Tawnies, die ihr Alter nicht verschweigen.

A.A.CÁLEM & FILHO, LDA. Das ist einer von den portugiesischen Portweinmachern, die mir am Herzen liegen. Die Familie Cálem ist seit 1859 im Geschäft mit besten Vintages und Colheitas. Von ihren Quintas da Foz, do Sagardo, de Santo António und do Vedial kommen Weine der A-Kategorie. Sie reichen allerdings nur für ein Zehntel der Gesamtproduktion. Neun Zehntel werden dazu gekauft. Falls die Ernte nicht von erster Klasse ist, werden aus Vintages »Single-Quinta-Jahrgangsportweine«. Cálem-Ports gehen in Portugal unter dem Namen »Velhotes« weg wie warme Semmeln. Die Lagerhalle von Cálem wird gern von Touristen besucht, weil sie günstig direkt am Douro neben der Dom-Luis-Brücke liegt.
Ich könnte in den Jahrgangsweinen baden, kann es mir indessen leider nicht leisten.

CROFT
REGISTERED TRADE
1966
BOTTLED 1968 IN
DELAFORCE
BY SPECIAL
HIS MAJESTY THE
PARIS
1878.
20.5°

CROFT & CA.LDA.
LARGO DE JOAQUIM MAGALHÃES, 23
APARTADO 5
4401 VILA NOVA DE GAIA CODEX
PORTUGAL

DELAFORCE SONS & CA. – VINHOS, LDA.
LARGO DE JOAQUIM MAGALHÃES, 23
APARTADO 6
4401 VILA NOVA DE GAIA CODEX
PORTUGAL

CROFT & CA.LDA. Dies ist einer der ältesten Portwein-Betriebe überhaupt. Gründungsjahr: 1678. Es lässt sich an zwei Fingern ausrechnen, dass ein so altes Unternehmen keine Durchschnittsware produziert. Oder? John Croft, der Gründer, verfasste 1788: »Treatise in the Wine of Portugal« – eine »Abhandlung über die Weine Portugals«. Der Titel galt bis ins 20. Jahrhundert hinein als Standardwerk. Die 1811 gegründete Quinta da Roeda, nahe der Stadt Pinhão, die 1875 an Croft fiel, ist das Prachtstück des Unternehmens. Ihr Leumund ist beeindruckend. Auf der Quinta da Roeda, ausgestattet mit einem zauberhaften Bungalow im Teehaus-Stil, werden eigene Trauben aber auch hinzugekaufte aus Ribalonga und Vale de Mendiz, verarbeitet.
20 Jahre alte spät geflaschte Tropfen von Croft versüßen mir das Leben.

DELAFORCE SONS & CA. – VINHOS, LDA.
Der Name Delaforce hat unter Port-Liebhabern einen guten Klang. Deutsche trinken fast nur Ruby und Tawny. Allenfalls hat der eine oder andere mal einen Late Bottled im Mund gehabt. Kein Wort dagegen. Aber: Es kommen von Delaforce vorzügliche, international prämierte Vintages. Und der Single-Quinta-Jahrgangswein »Quinta da Corte« gilt unter Kennern als das, was ein Geheimtipp genannt wird. Dabei fällt mir ein: Ports, die als Vintage-Qualität ausgebaut oder als LBVs angeboten werden, vorzeitig aus dem Fass zu nehmen und sie gut gekühlt zu trinken, ist eine wonnevoll neue Art mit großen Portweinen umzugehen. Das wird jungen Leuten Vergnügen bereiten.
Die Vintages und Late Bottleds von Delaforce nehmen mir nicht nur an guten Tagen schon mal die Bodenhaftung.

PRODUCE OF PORTUGAL
W
DOW
OPORTO
DOW'S
1985
VINTAGE
POR
OPORTO
ERREIR
PORTO
INTAGE 198

A. A. FERREIRA S.A.
RUA DA CARVALHOSA, 19/103
4400 VILA NOVA DE GAIA
PORTUGAL

FONSECA GIUMARAENS – VINHOS S.A.
RUA BARÃO DE FORRESTER, 404
APARTADO 13
4400 VILA NOVA DE GAIA
PORTUGAL

A.A. FERREIRA S.A. Das sind Tawnies, die von diesem aus der Mitte des 18. Jh. stammenden Unternehmen kommen. Donnerwetter! Seinen großen Namen verdankt Ferreira der Witwe des Gründers, José Ferreira. Der war irrtümlich von Napoleonischen Truppen erschossen worden, so dass Dona Antónia Adelaide, gerade 30 Jahre alt, den Betrieb übernehmen musste. Was Ferreirinha, Ferreiralein, mit solcher Bravour tat, dass noch heute davon geschwärmt wird. Sie war die Grande Dame des portugiesischen Weinbaus. Jetzt ist Ferreira im Besitz eines riesigen Handelsimperiums. Mitglieder der Familie sind allerdings noch immer am Ruder. Zu Ferreira gehören die hochgelobten Quintas do Porto und do Seixo in der Nähe von Pinhão sowie da Leda, nahe der spanischen Grenze. Ferreira hält die Tradition hoch, ohne auf notwendige Neuerungen zu verzichten. Neben den gepriesenen Tawnies entstehen Jahrgangsports von beeindruckender Leichtigkeit. *Die munden jedem, der Abwechslung mag. Mir auch.*

FONSECA GIUMARAENS – VINHOS S.A. Sogar Wettbewerber ziehen den Hut, wenn die Rede auf Erzeugnisse aus dem 178 Jahre alten Portwein-Haus kommt. Das ist mittlerweile Teil eines Getränke-Konzerns, den Keller meistert indessen immer noch ein Mitglied der Familie Fonseca-Guimaraens. Die Quintas do Panascal bei Pinhão und Santo António sowie de Cruzeiro im Mendiz-Tal liefern Trauben der Kategorie A.
Tawnies, Vintages und Single-Quinta-Ports stehen immer wieder bei uns zu Hause im Regal.

ROZÈS
NOVAL
PORT
1994
OTTLED VINTAG
PRODUCE OF PORTUG
ts are full bodied and rich in colour. Aged in woo
be drunk now and will improve with bottle ag
d carefully or decanted as it may throw a depos
BOTTLED BY QUINTA DO NOVAL
VINHOS S.A. VILA NOVA DE GAIA
PRODUCE OF PORTUGAL
75 cle

NIEPOORT (VINHOS) S.A.
RUA INFANTE D. HENRIQUE, 39/2°
4000 PORTO
PORTUGAL

ROZÈS, LIMITADA
RUA CÂNDIDO DOS REUS, 526/532
APARTADO 376
4400 VILA NOVA DE GAIA
PORTUGAL

NIEPOORT (VINHOS) S.A. Ich kenne jemanden, der behauptet, er verstehe etwas von Portwein und der gleichzeitig sagt, der niederländische Portwein-Produzent Niepoort sei klein und in der Branche unbekannt. Klein mag stimmen. Aber unbekannt? Lächerlich. Die 30 Jahre alten Tawnies, Colheitas und Vintages sind etwas Besonderes. Die Niepoorts, die das 1842 gegründete Unternehmen in vierter und fünfter Generation führen, kauften bis Ende der 80er Jahre alle von ihnen verwendeten Trauben der A-Kategorie bei kleinen Weinbauern im Cima Corgo. Seit 1988, 1989 beziehungsweise 1990 gehören ihnen die Quintas Nápoles, Carril und do Passadouro. Aus denen beziehen sie ein Siebtel ihres Bedarfs. Niepoort ist ein Traditionsbetrieb, der sich neuen Methoden nicht verschließt.
Ich schätze besonders die Colheitas.

ROZÈS, LIMITADA Im Jahr 1855 eröffnete der Franzose Ostende Rozès ein Portwein-Haus. Das steht noch heute und bringt Ports unter die Leute, die nicht von schlechten Eltern sind. Was auch daher kommen kann, dass eine kleine Menge der eingesetzten Trauben von einer gut 800 Jahre alten Quinta stammt: do Monsul, im Süden des Douro im Baixo Corgo gelegen. Dessen erster Besitzer war Dom Afonso Henrique, der erste König von Portugal. Das meiste Traubengut stammt allerdings von Weinbauern aus der Umgebung von Pinhão und São João de Pesqueira im Cima Corgo.
Die Vintages von Rozès, die mir runtergehen wie Öl, sind völlig anders als die von Briten oder Portugiesen erzeugten.

FONSECA
VINTAGE PORT
1994
BOTTLED IN
CWD · Champagner und Wein
WARRE'S
OTIMA

SILVA & COSENS LDA.
TRAV. BARÃO DE FORRESTER, 85
APARTADO 19
4400 VILA NOVA DE GAIA
PORTUGAL

WARRE & CA. S.A.
TRAV. BARÃO DE FORRESTER, 85
APARTADO 26
4400 VILA NOVA DE GAIA
PORTUGAL

SILVA & COSENS LDA. Die Ports aus diesem Haus, einerlei welcher Güteklasse, sind meine Ersten. Meine Allerersten. Falls ein solches Deutsch erlaubt ist. Sie tragen den Namen Dow's. Dieser John Dow war im Jahr 1877 in das 1798 gegründete Unternehmen eingestiegen. Er soll fanatisch nach Qualität gestrebt haben. Die Trauben von der legendären Quinta do Bomfim belegen das bis heute. Aber auch die von do Zimbro und da Senhora – früher zu Silva & Cosens gehörend, inzwischen verkauft, aber immer noch Lieferanten – tragen zur Qualität der Weine bei.
Mir steigen Freudentränen in die Augen, wenn ich an den nicht süßen, sondern Süße andeutenden Erzeugnissen dieses Betriebes naschen darf.

WARRE & CA. S.A. Das ist mein Zweiter. Der älteste britische Portweinhändler – die Firma entstand im Jahre 1670 – zaubert seit 1729 von Porto aus einen Stoff in die Welt, der genusssüchtig machen kann. Die Warres waren die ersten Briten, die Geld in portugiesischen Grundbesitz steckten. Sie ließen in Vila Nova de Gaia eine Lagerhalle bauen. Warre belieferte während des Unabhängigkeitskrieges mit Spanien den britischen Feldmarschall Arthur Wellesley, Herzog von Wellington, mit Portwein. Das Militär scheint gewusst zu haben, wie es sich das harte Soldatenleben verschönern konnte. Warre-Weine entstehen vor allem auf der Quinta da Cavadinha aus Trauben von dort und aus solchen der Gegend um Rio Torto.
Für einen Vintage von Warre geh ich meilenweit.

PORTO
10
ANOS · ANS D'AGE

WIESE & KROHN, SUCRS., LDA.
RUA SERPA PINTO, 149
APARTADO 1
4400 VILA NOVA DE GAIA
PORTUGAL

QUINTA DO NOVAL – VINHOS, S.A.
AV. DIOGO LEITE, 256
APARTADO 57
4400 VILA NOVA DE GAIA
PORTUGAL

WIESE & KROHN, SUCRS., LDA. Es sind neben Briten und Portugiesen nicht nur Deutsche, Niederländer und Spanier die vortreffliche Weine unter die Liebhaber von Ports bringen. Wiese & Krohn kommen ursprünglich aus Norwegen. Sie lieferten getrockneten Kabeljau – Stockfisch, portugiesisch »bacalhau« – nach Portugal. Im Gegengeschäft ging Portwein in den Norden Europas. 1865 traten sie voll ins Geschäft mit dem Stoff, der zum Träumen verführt, ein. Allerdings kauften sich die Nachfahren ihres portugiesischen Teilhabers erst im Jahre 1989 die Kategorie A-Quinta do Retiro Novo. *Meine Wahl fällt auf die Tawnies von Wiese & Krohn.*

QUINTA DO NOVAL – VINHOS, S.A. Kenner achten darauf, ob ein vor ihnen stehender Port die Bezeichnung »Noval« oder »Quinta do Noval« trägt. Denn: Nur wo Quinta drauf steht, ist – sehr wahrscheinlich aber nicht gewiss – auch ein Port drinnen, der aus Weinen von der Quinta do Noval stammt. Die wurde 1715 vermutlich zum ersten Mal urkundlich erwähnt. Inzwischen stehen dort natürlich andere Weinstöcke. Die meisten davon mit veredelten Rebsorten.
Die Vintages und Colheitas von diesem Erzeuger haben es mir angetan.

VOR DEM UND NACH DEM ESSEN
EIN GLÄSCHEN PORT – KLAR.
ABER AN DEN SPEISEN – DAS IST
VIELEN NEU. UNVERSTÄNDLICH.
DENN: PORTWEIN ADELT FAST
JEDES GERICHT.

Rezepte

TOMATENSUPPE

500 g REIFE TOMATEN, GROB PÜRIERT
2 ZWIEBELN, IN RINGE GESCHNITTEN
50 g BUTTER
1 KNOBLAUCHZEHE, DURCHGEPRESST
1 BUND BASILIKUM, FEINST GEWIEGT
1 ZWEIG ESTRAGON, KLEIN GEHACKT
3/4 l RINDERBRÜHE
1 GLAS ALTER TAWNY
2 HART GEKOCHTE EIER, KLEIN GEWÜRFELT
FEIN GEHACKTER SCHNITTLAUCH
SALZ
WEISSER PFEFFER AUS DER MÜHLE

Während heißer Sommer ist diese Suppe – kalt genossen – ein Labsal allererster Güte. Aber auch sonst ist sie Balsam für die Seele von Gernessern.

Zwiebelringe in Butter dünsten, durchgepressten Knoblauch, Tomatenpüree und Kräuter dazu geben. Brühe angießen. Mindestens 30 Minuten simmern lassen, dabei das Umrühren nicht vergessen. Danach den Port in die Suppe. Manche mögen‘s mit einem halben Glas Port mehr als angegeben. Ganz kurz aufwallen lassen. Abkühlen, nicht kalt werden lassen. Eier und Schnittlauch drauf streuen und abschmecken.

Ergibt 4 Portionen.

Curso de Formação
Experiência

Da kommt Freude auf.

GEBACKENE TRÜFFELN

4 FRISCHE SCHWARZE TRÜFFELN
KALTER WEISSER PORTWEIN

Die Trüffeln sorgfältig bürsten. Einzeln in mehrere Lagen nasses Zeitungspapier einwickeln. Im sehr heißen Ofen cirka 15 Minuten backen, das Papier entfernen, die Trüffeln trocken tupfen und in den Falten einer erwärmten Serviette zum Portwein (und nur zu dem) reichen.

Ergibt 2 Portionen.

BESCHWIPSTE JAKOBSMUSCHELN SCHARF GEMACHT

8–12 AUSGELÖSTE JAKOBSMUSCHELN (AM BESTEN MIT »CORAIL«, DEM ORANGEFARBENEN ROGENSACK)

4–5 EL FRUCHTIGES OLIVENÖL

HARISSA

1/2 STANGE JUNGER PORREE, IN DÜNNE STREIFEN GESCHNITTEN

2–3 FRISCHE GELBE RÜBEN, IN DÜNNE STREIFEN GESCHNITTEN

1 KNAPPES GLAS TROCKENER, WEISSER PORTWEIN

...und hinein ins reuefreie Vergnügen.

Das Olivenöl in einer Pfanne nicht zu stark erhitzen. Die Muscheln hineingeben, zwei- bis dreimal wenden. Je nach Geschmack – mindestens aber einen halben Teelöffel Harissa (eine sehr scharfe nordafrikanische Würzpaste aus roten Chilischoten, Knoblauch, Koriander, Kümmel, Kreuzkümmel und Salz) unter die Muscheln heben. Sodann die Lauch- und Rüben-Streifen hinzugeben. Eine kurze Dauer köcheln lassen, danach den Port darüber gießen. Für den Bruchteil einer Sekunde bei großer Hitze aufwallen lassen und sofort vom Herd nehmen, auf vorgewärmte Teller garnieren.
Ergibt 4 Portionen.

CASABLANCA-LEBER À LA HUMPHREY BOGART

4 SCHEIBEN KALBSLEBER (500 g), IN FINGERDICKE, 3 cm LANGE STREIFEN GESCHNITTEN

4 EL OLIVENÖL

6 FEIN GEHACKTE SCHALOTTEN

2 TL MEHL

1/4 l WEISSER PORTWEIN

3 EL SÜSSE SAHNE

1 TL GROB GESTOSSENE, GETROCKNETE PEPERONCINI

2 EL FEIN GEMAHLENER KREUZKÜMMEL

1 EL SOJASAUCE

1 STÄNGEL STEIN- ODER GRAUE MINZE

2 EL FEIN GEHACKTES CILANTRO ODER FEIN GEHACKTE GLATTE PETERSILIE

SALZ

Diese köstliche Abgehobenheit, die Gefühle von Zartheit befördern soll, verzehrten Ingrid Bergman und Humphrey Bogart in dem legendären, 1942 gedrehten Film »Casablanca«.

In einer beschichteten Pfanne oder in einem schweren Topf das Öl erhitzen und die Schalotten glasig dünsten. Sodann die Leberstreifen dazu geben und unter Rühren leicht anbraten. Das Mehl drüberstäuben, anziehen lassen, mit dem Port und der Sahne ablöschen. – Bei kleiner Hitze, ohne Deckel, köcheln lassen. Sämtliche anderen Zutaten hinzu geben, unter Rühren zehn Minuten dahin simmern lassen. Die Sauce soll sämig sein.

Ergibt 2 Portionen.

BOHNEN MIT KALBSBRIES IN PORTWEIN-SAUCE

FÜR DIE BOHNEN:
150 g SCHWARZE BOHNEN
150 g WEISSE BOHNEN
1 l GEMÜSEBRÜHE,
2 EL BUTTER
2 FEIN GEWÜRFELTE SCHALOTTEN
SALZ, PFEFFER

FÜR DAS BRIES:
400 g KALBSBRIES
SALZ, GEKLÄRTE BUTTER ZUM BRATEN

FÜR DIE SAUCE:
2 FEIN GEWÜRFELTE SCHALOTTEN
20 g BUTTER
1/4 l ROTWEIN
1/8 l MITTELALTER TAWNY
1 EL HIMBEERESSIG
SALZ, PFEFFER
50 g KALTE BUTTER IN WÜRFELN

So jedenfalls macht die Köchin Doris Katharina Hessler aus Maintal, nahe Frankfurt, aus Bohnen und Bries geradezu ein portweinseliges Entertainment.

Die Bohnen über Nacht einweichen, dann in der Gemüsebrühe im Schnellkochtopf cirka 20 Minuten garen. – Die Butter zerlassen und die Schalotten sowie die abgetropften Bohnen darin anschwitzen. Würzen. – Das zuvor gewässerte und von Blutgerinnseln befreite Bries fünf Minuten in Salzwasser pochieren, abtropfen lassen und in Röschen schneiden. Für die Sauce die Schalotten in der Butter anschwitzen, mit dem Rotwein, dem Port und dem Essig ablöschen. Auf die Hälfte einkochen, abschmecken und mit der Butter binden.
Das Bries in geklärter Butter rundum anbraten, dann fünf Minuten im Backofen bei 200 °C fertig garen.
Die Bohnen mit der Sauce auf vorgewärmten Tellern anrichten. Das Bries darauf verteilen.
Ergibt 4 Portionen.

REBHÜHNER MIT OLIVEN

2 REBHÜHNER (ODER KLEINE FASANEN)
SALZ
SCHWARZER PFEFFER AUS DER MÜHLE
KÜMMELPULVER
GETROCKNETER ESTRAGON
50 g BUTTER
1 DICKE SCHEIBE DURCHWACHSENER SPECK
1/4 l KRAFTBRÜHE
15 SCHWARZE OLIVEN
5 STEINPILZE, IN SCHEIBEN GESCHNITTEN
1 GLAS PORTWEIN (LATE BOTTLED)

Mit rotem Bordeaux dazu, erklömmen Vater und Mutter das Tandem.

Die beiden Rebhühner innen gut austrocknen und mit einer Mischung aus je einem Drittel Salz, Kümmelpulver und getrocknetem Estragon ausreiben. Die Hühner in einem Bräter mit der Butter und dem durchwachsenen Speck im vorgeheizten Backofen von allen Seiten bei 200 °C braun werden lassen. Dann die Hitze um die Hälfte reduzieren, den Viertelliter Kraftbrühe, die Oliven und die Pilzscheiben und den Pfeffer hinzufügen. Häufig mit der Brühe begießen. Sobald die eingekocht ist, den Portwein dazu geben. Noch etwas köcheln lassen. In der Kasserolle zu Weißbrotscheiben servieren.

Ergibt 2 Portionen.

SAUCE ZU GEBRATENER ENTE (WARMEM SCHINKEN, KALTEM BRATEN)

SCHALE EINER UNGESPRITZTEN ORANGE, IN FEINE STREIFEN GESCHNITTEN

2 GETROCKNETE APRIKOSEN, IN STREIFEN GESCHNITTEN

1/4 l TAWNY PORTWEIN

1/4 l KLARE, ENTFETTETE KRAFTBRÜHE

SAFT VON 2 ORANGEN

1 TL ZUCKER

2 EL GRAND MARNIER ODER CURAÇAO WEISS

2 TL SPEISESTÄRKE, MIT ETWAS ROTWEIN GLATTGERÜHRT

SALZ

WEISSER PFEFFER AUS DER MÜHLE

Eben nicht: Ente gut, alles gut.

Sondern: Sauce fein, Ente rein.

Die Orangenstreifen eine Minute lang in kochendes Wasser legen. Das Wasser abgießen. Die Streifen von Aprikosen und Orange mit dem Portwein in einer Kasserolle mit Deckel 15 Minuten lang bei mittlerer Hitze köcheln. Abseihen, den Siebinhalt wegwerfen.
In einem zweiten Topf gleichzeitig die Fleischbrühe ohne Deckel bei mittlerer Hitze 15 Minuten lang reduzieren. Dann den Inhalt beider Töpfe zusammengießen. Das Ganze 15 Minuten lang ohne Deckel bei kleiner Hitze simmern lassen. Orangensaft, Zucker, Likör und Speisestärke einrühren. Nochmals fünf Minuten lang köcheln. Mit Salz und Pfeffer abschmecken.

TERRINE VON PERLHUHN

1 PERLHUHN (1 kg: 500 g FLEISCH NETTO)
3 EL COGNAC
1 TL GETROCKNETER THYMIAN
250 g ENTENLEBER
70 g BUTTER
1 GROSSES EI
SCHLAGSAHNE VON 70 ml SAHNE
SALZ
WEISSER PFEFFER AUS DER MÜHLE
TABASCO
180 g FETTER SPECK, IN HAUCHDÜNNE SCHEIBEN GESCHNITTEN
4 BLATT GELATINE
3/8 l RINDERFOND
1 PORTWEINGLAS ALTER TAWNY

Obacht: So etwas verführt zur Völlerei!

Perlhuhn enthäuten. Filets auslösen, der Länge nach halbieren, mit Cognac beträufeln, Thymian drüber, deckeln, kühl stellen. Restliches Fleisch von den Knochen schaben, mit den Lebern durch die feine Fleischwolfscheibe drehen. Butter klären. Auf Zimmertemperatur abkühlen. Danach das Ei, dann das oben stehende Butterfett und die Sahne mit dem Handrührer auf höchster Stufe unter die Fleischmasse ziehen. Mit Pfeffer, Salz und Tabasco würzen. Cognac von den Filets durch ein Sieb zur Masse geben, unterühren. – Terrinenform (1 1/4 l Inhalt) so mit dem Speck auslegen, dass er über den Rand hängt. Die Hälfte der Masse in die Form füllen, glattstreichen. Die Form aufklopfen, damit Lufteinschlüsse verschwinden. Filets auf die Masse legen, den Rest der Masse auffüllen. Aufklopfen. Specklappen über der Masse zusammenklappen. Deckel auf die Form legen. Saftpfanne des Backofens mit warmem Wasser füllen. Form hineinstellen. Bei 150 °C (Gas Stufe 1) auf mittlerer Schiene etwa 1 1/4 Stunden garen. Über Nacht auskühlen lassen.

Am folgenden Tag die Terrine mit einem Messer vom Formrand lösen. Boden der Form kurz erwärmen, Inhalt herausnehmen. Speck abnehmen, Terrine in die gesäuberte Form zurückgeben. Gelatine in kaltem Wasser einweichen. Rinderfond erwärmen, mit Portwein verrühren. Gelatine ausdrücken, darin auflösen. Abkühlen lassen, Flüssigkeit in die Form gießen, bis der Inhalt schwimmt. Im Kühlschrank fest werden lassen, die restliche Geliermasse drübergießen. Kühl stellen und fest werden lassen.

Ergibt 8 Portionen.

REHNÜSSCHEN AUF PORTWEINKIRSCHEN

1 REHNÜSSCHEN (1 kg)
MARINADE:
1/4 l ROTWEIN
1 KLEINES STÜCK SELLERIE
1 MÖHRE
2 SCHALOTTEN
4–6 WACHOLDERBEEREN
1 EL BUTTERSCHMALZ
1/4 l WILDFOND
300 g SCHATTENMORELLEN
1 TL ZUCKER
1/4 l VINTAGE PORT
1 EL ALTER BALSAMICO
20 g SÜSSRAHMBUTTER
SALZ
SCHWARZER PFEFFER AUS DER MÜHLE

Wenn das ein Traum ist, dann ist Erwachen Qual. Das weiß jeder, der dieses Gericht schon einmal bei Rainer Halbedel in »Halbedels Gasthaus« in Bonn-Bad Godesberg gegessen hat.

Die Rehnüsschen von Sehnen, Fett und Silberhaut befreien (parieren) und etwa drei bis vier Stunden in einer Marinade aus Rotwein, Gemüse und Wacholderbeeren einlegen. – Herausnehmen, gut abtrocknen und im Butterschmalz scharf anbraten. – Mit der Marinade und dem Wildfond ablöschen und zugedeckt eine gute Stunde schmoren lassen. – Inzwischen die Schattenmorellen entkernen und mit dem Zucker bestreuen, damit sie Saft ziehen. Das Fleisch aus dem Topf nehmen, den Fond durch eine feines Sieb passieren. – Mit dem Vintage Port und den Kirschen rund fünf Minuten einkochen lassen, dann die Kirschen herausnehmen. – Noch gut drei Minuten einkochen lassen, mit Salz und Pfeffer abschmecken, zuletzt den Balsamico und die Butter unterrühren. Anschließend die Morellen ums Nüsschen garnieren.
Ergibt 4 Portionen.

GEEISTER PORTWEINSCHAUM MIT MELONEN

FÜR DEN SCHAUM:
6 EIDOTTER
100 g ZUCKER
1/8 l ALTER ROTER PORTWEIN
1/8 l STEIF GESCHLAGENE SÜSSE SAHNE
EISWÜRFEL
FÜR DAS MELONENRAGOUT:
2 AROMATISCHE KANTALUPE-MELONEN
2 cl PORTWEIN
1 EL HONIG
4 cl ZITRONENSAFT
20 g ZUCKER
EINIGE HIMBEEREN
6 MINZEZWEIGLEIN

Auf diese Weise lässt der große Koch Eckart Witzigmann die Puppen auf der Zunge tanzen.

Dotter, Zucker und Port in einer Kuppelform (Schlagkessel) verquirlen und in einem 80° Celsius heißen Wasserbad schaumig aufschlagen. So lange schlagen, bis der Schaum in langen spitzen Fäden am Schneebesen hängen bleibt. – Aus dem Bad nehmen und in einer mit Eiswürfeln gefüllten Schüssel kalt schlagen. Die Sahne locker darunter ziehen und die Masse in kleine Förmchen füllen. Ins Tiefkühlfach stellen und gefrieren lassen.

Fürs Ragout die Melone halbieren, entkernen und mit dem Kugelstecher kleine Kugeln aus dem Fruchtfleisch herausbohren. Das restliche Melonenfleisch, etwa 200 Gramm, mit zwei Zentiliter des entstandenen Melonensaftes, Port, Honig, Zitronensaft und Zucker im Mixer fein pürieren und durch ein Haarsieb passieren. Mindestens 15 Minuten lang tiefkühlen.
Die Förmchen mit dem gefrorenen Portweinschaum ganz kurz in heißes Wasser tauchen und dann das Eis auf Teller stürzen. Mit dem Melonenpüree umgießen und die Melonenkugeln und die Himbeeren drum herum verteilen. Mit je einem Minzezweig garniert servieren.
Ergibt 4 bis 6 Portionen.

NELKENKONFITÜRE

250 g FRISCHE ROTE NELKEN-BLÜTEN-
BLÄTTER, ABGEZUPFT, UNGESPRITZT

200 g ZUCKER

1/8 l WASSER

1 GLAS PORTWEIN (LATE BOTTLED)

Nach einer Nacht voller Seligkeit...

Die Blütenblätter in einem Mörser zerstampfen. Aus Zucker und Wasser einen Sirup kochen und darin die gestampften Blätter langsam zu Brei kochen. Ganz zum Schluss den Port unter ständigem Rühren dazu geben. In kleinen Schalen erkalten lassen. Zum Frühstück zu warmen Croissants anbieten.

PORTWEIN-FLIP

4 cl PORTWEIN (LATE BOTTLED)

1 cl COGNAC

1 BARLÖFFEL SÜSSE SAHNE

1 BARLÖFFEL ZUCKERSIRUP

1 EIDOTTER

EISWÜRFEL

MUSKATNUSS

Glücklich ist, wer vergisst...

In einem mit Eiswürfeln gefüllten Shaker den Port, den Cognac, die Sahne, den Sirup und das Dotter kurz, aber kräftig, schütteln. Bei zu langem Schütteln verwässert der Flip. In ein Glas füllen, obenauf etwas Muskatnuss reiben.

DIE SCHÖNSTE FORM DER NEUGIER
IST DIE WISSBEGIERDE.
SIE GILT ES – GERADE IM URLAUB –
ZU PFLEGEN.

Reisetipps

Es macht Spaß mehr über Land & Leute, Kultur & Kirche, Küche & Keller zu wissen, als Reiseveranstalter Reisenden – klar, gegen Entgelt – aufdrängen.

Wie in einem Büchlein über Portwein nicht anders zu erwarten, steht an dieser Stelle auch etwas über die Möglichkeiten in die Keller der Portweinmacher, die meist Lagerhallen in Vila Nova de Gaia sind, – die Anschriften finden sich bei den Kurzporträts – zu kucken. Übrigens: Die Firma **COCKBURN SMITHES & CA.S.A.** fehlt deshalb, weil es in Deutschland unendlich schwierig ist, einen von ihren Seligmachern zu bekommen.

BURMESTER hält sich bedeckt. **CÁLEM** – sprich Kalei – hingegen, lässt sich ganzjährig in den Keller, wenngleich nicht in die Karten – schauen; Telefon 351-2 200 48 67. **CROFT** will nur Experten im Haus haben. **DELAFORCE** freut sich – wenn's vereinbart ist – über Besucher; Telefon 351-2 375 55 14. **FERREIRA** hält seine Hallen das ganze Jahr über von montags bis freitags zwischen 9.30 und 17.00 Uhr; von April bis Oktober sogar am Samstag zwischen 9.30 und 12.00 Uhr, offen. Dort braucht sich niemand vorher anzumelden. Es sei denn, er wollte eine Quinta besichtigen. Dann muss er 351-2 374 52 92 wählen. Bei **FONSECA** soll 351-2 371 99 99 angerufen werden, um einen Besuch in den Lagerhallen oder auf der Quinta do Panascal zu organisieren. **NIEPOORT** mag keinen Besuch. **SILVA & COSENS (DOW'S)**, **WARRE** und **WIESE & KROHN** sind ebenfalls abgeneigt. **ROZÈS** hat von Juli bis September nichts dagegen; Telefon 351-2 377 16 80. Von **QUINTA DO NOVAL** werden keine Fremden auf die Quinta

OB ICH MORGEN LEBEN WERDE,

WEISS ICH FREILICH NICHT;

ABER, WENN ICH MORGEN LEBE,

DASS ICH MORGEN TRINKEN WERDE,

WEISS ICH GANZ GEWISS!

Gotthold Ephraim Lessing

gelassen, im Laden hingegen und im Degustationsraum sind sie gern gesehen: Telefon 351-2 377 02 70.

Geschmacksbildend sind – ohne bildungsbürgerliche Attitüde – Besuche in Lokalen von Porto. Zum Beispiel im **BOA NOVA CASA DE CHÁ**, Leca de Palmeira, nahe dem Leuchtturm, Telefon 229 95 17 85; sonntags dicht, sonst nicht. Ein Augenschmaus direkt am Meer. Die Speisen dort können mit der Lage und der Architektur fast mithalten. Nicht ganz so schick, stattdessen ursprünglich, ist eines der bevorzugten Restaurants der Portuenser, das **CASA FILHA DA MÃE PRETA**, Cais sa Ribeira 40, Telefon 222 05 55 15. Sonntags ist geschlossen. Im **CHEZ LAPIN**, Rua dos Canastreiros 42, Telefon 222 00 64 18, sitzt und isst es sich wie bei Muttern. Dort sind die Süßspeisen einen Umweg wert. Auch im schnieken **DOM TONHO**, Cais da Ribeira 13-15, Telefon 222 00 43 07 ist die Küche nicht von schlechten Eltern. Und der Blick auf den Douro erst recht nicht. Die Küche des **MERCADO DE BOLHÃO**, in der größten Markthalle von Porto, Rua Sá de Bandeira (die Telefonnummer fehlt, weil Reservierungen nicht angenommen werden) versteht sich hervorragend aufs Zubereiten regionaler Gerichte. Bei **PEIXES & COMPANHIA**, Rua do Ouro 133, Telefon 226 18 56 55, das an Sonntagen leider nicht geöffnet hat, schmeckt Fisch jeder Art vorzüglich. Dazu gehört selbstverständlich auch Stockfisch, *bacalhau*. Das **O TRIPEIRO**, Rua de Passos Manuel 195, Telefon 222 00 58 86, hält vor allem eine andere portuensische Spezialität – Kutteln, portugiesisch *tripas* – bereit, die jeder Gast zumindest gekostet haben sollte.

DOVRO
MINHO

Um sich anderweitig zu vergnügen, lohnt ein Besuch im **CAFÉ MAJESTIC**, Rua de Santa Catarina 112, Telefon 222 00 38 87. Das ist eine der Institutionen Portos. Einfach schön!

Junge Leute versammeln sich gern im **SLAVIA**, Rua S.João de Brito 605, Telefon 226 10 93 11. Bücherwürmer lassen mit Sicherheit einen Besuch der unsagbar schönen Buchhandlung **LELLO & IRMÃO EDITORES**, Rua das Carmelitas 144, mit ihren bibliophilen Kostbarkeiten und außerordentlich angenehmen Portweinen nicht aus.

Auch ein durchaus länger dauernder Blick auf den **ESTAÇÃO DE S. BENTO**, Praça da Libertade, die Bahnhofsvorhalle, die quasi ein Azulejo-Museum mit gewaltigen Fliesenbildern ist, bereitet reine Freude.

Überhaupt – ein Spaziergang durch das **QUARTIER ZWISCHEN DER KATHEDRALE UND DEM UFER DES DOURO** ist Balsam für die Augen. Und die Seele. Nicht von ungefähr hat die Unesco es zum Weltkulturerbe erklärt. Achso: Vom **TORRE DOS CLÉRIGOS**, Rua dos Clérigos, hat der Besucher Portos einen unwiederbringlichen Rundblick über die Stadt.

Die besseren Hotels Portos heißen:
HOTEL INFANTE DE SAGRES, Praça D. Filipa de Lencastre 62, Telefon 223 39 85 00, Fax 223 39 85 99, DZ ab 30 500 Escudos.
HOTEL MERCURE BATALHA, Praça da Batalha 116, Telefon 222 00 05 71, Fax 222 00 24 68, DZ ab 20 000 Escudos.
HOTEL DA BOLSA, Rua Ferreira Borges 101, Telefon 222 02 67 68, Fax 222 05 88 88, DZ ab 15 000 Escudos.

Wer im Dourotal essen gehen, wohnen oder etwas unternehmen will, wendet sich am Besten in der nicht gerade anheimelnden Stadt Peso da Régua, dem Zentrum der Portweinindustrie, ans **TURISMO**, Rua da Ferreirinha 505, am Westende der Uferstraße. Das Fremdenverkehrsbüro hat von Juni bis September täglich zwischen 9.00 und 12.00 und von 14.00 bis 18.00 Uhr geöffnet.

Im **INSTITUTO DO VINHO DO PORTO**, Rua dos Camilos 90, das von montags bis freitags seine Tür offen hält, gibt es überdies allerlei Wissenswertes über Portwein und das Dourotal.

Kein Mensch muss nach Java oder Japan reisen, um zu sehen, wie Menschen Hügel und Berge mit Terrassen zieren. Niemand muss in den Fernen Osten schweifen, um zu lernen, wie der Mensch sich die Erde untertan macht. Jeder Mensch kann sich im Tal des Douro, beim Besuch der Terrassen dort, davon überzeugen, dass auf ihnen die Grundlage für einen ganz besonderen Saft gedeiht. Ein Saft, den der Fromme des Alten Testaments gemeint haben könnte, als er in Psalm 104 sang: »...der Wein erfreue des Menschen Herz...« – Portwein.

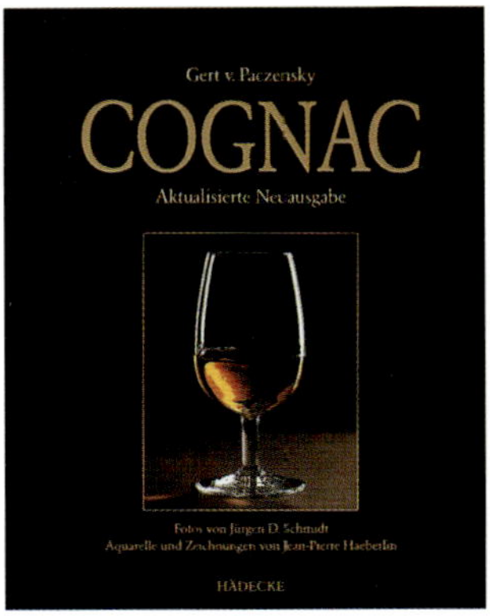

DIE ETWAS ANDEREN BÜCHER FÜR GENIESSER.

COGNAC Gert von Paczenskys Standardwerk mit allen wichtigen Marken, Märkten und Informationen über Geschichte und Herstellung. Goldmedaille der Gastronomischen Akademie Deutschlands!
224 Seiten mit über 150 Fotos,
ISBN 3-7750-0275-8.

CHAMPAGNER von Gert von Paczensky. Genuss auf höchstem Niveau: Das Kompendium mit allen Informationen zu Geschichte, Herstellung und Marken. Silbermedaille der Gastronomischen Akademie Deutschlands!
267 Seiten mit rund 330 Fotos,
ISBN 3-7750-0280-4.

SENF – DAS KOCHBUCH Etwas wirklich Neues aus der Welt der Küche: Senf in aller Köstlichkeit und Vielfalt, vom Appetizer bis zum süßen Dessert. Von Angela Borowski und Hanjo Seißler, Fotos von Carsten Eichner mit Rezepten von Pio.
ISBN 3-7750-0324-X.

GRAPPA KULTUR & LEBENSART
Grappa atmosphärisch aufbereitet von Susanna Blini mit exzellenten Fotos von Ansgar Pudenz. Notizen zu Geschichte, Herstellung und Rezepte. Reihe LebensArt.
96 Seiten mit über 60 Fotos,
ISBN 3-7750-0317-7.

HÄDECKE – IHR FACHVERLAG FÜR GENUSS!

Weitere Informationen bei

HÄDECKE Verlag
Postfach 1203, 71256 Weil der Stadt
Telefon +49(0)7033/529830, Fax +49(0)7033/529831
E-Mail: haedecke_vlg@t-online.de